KB196122

시작

누굴까?

박재이 글 · 그림

머리말

속담은 옛날부터 사람들 사이에서 널리 퍼지고 굳어진 말로, 공동체의 지혜와 의식 구조가 담겨있기 때문에 나라와 지역마다 다릅니다. 현재의 일상에서 사용되는 말이고, 옛 어른들이 세상의 많은 이치와 지혜를 담아 만든 말인 만큼 알아두면 삶을 살아 가는 데도 큰 도움이 된답니다.

앞으로도 자주 많은 속담을 듣게 될 텐데, 달달 암기하며 외우지 말고 상황에 맞게 직접 말로 써보는 게 중요합니다. 물론 책에서 만나게 될 '따따와 친구들'이 여러 에피소드로 우리말 속담을 쉽게 배우도록 도와줄 것입니다.

'따따와 친구들'의 이야기는 어린이 친구들에게 영감을 받아 만들었습니다. 따따의 장난기 넘치는 성격도 강의에서 만난 친구들의 성격을 따왔고, 어린이 친구들이 가장 좋아하는 그림체로 이야기를 담았으니 재미있게 읽을 수 있을 것입니다.

'따따와 친구들'의 여러 유쾌한 에피소드를 통해 하나씩 속담을 읽다 보면, 자연스럽게 우리말 속담을 배울 수 있고 머릿속에 담을 수 있을 것입니다. 아리송하게만 느껴지던 속담의 뜻을 깨닫고 일상에서도 술술 속담을 사용할 수 있을 것입니다. 이제 따따와 친구들의 이야기를 만날 준비가 되셨나요?

늘 아이디어와 격려를 건네는 남편 삼영과 책이 나올 수 있도록 도와주신 출판사, 무엇보다 늘 영감을 주는 우리 어린이 친구들에게 다시 한번 깊은 감사의 말씀을 전합니다.

박재이 드림

차례

차례

따따

따따

'춤추는 게 특기! 흥 많은 고양이!'
호기심이 많은 따따는 항상 사건 사고의 중심에 있답니다. 장난기 많은 성격 탓에 따따를 짓궂다고 생각하는 친구들도 있어요. 좋아하는 건 미스터리 유튜브 보기, 교실에서 춤추기입니다. 무엇보다 모두의 관심을 가장 좋아해요!

하얀이

하얀이

'누구에게나 친절한 초롱초롱한 눈빛의 강아지'
하얀이가 있는 곳엔 늘 웃음이 넘쳐요. 시끌벅적한 따따와 척척박사 도도, 소심이 두찌가 함께 어울려 놀 수 있는 것도 하얀이의 둥글둥글하고 이해심 넘치는 성격 덕이랍니다. 늘 친구들을 칭찬해 주는 따뜻한 마음을 가졌어요. 단, 먹을 걸 훔쳐 가면 무척 예민해진답니다.

도도

'척척박사 빨간 안경 토끼'

평소에 책 보는 걸 좋아하는 도도는 모르는 게 없는 척척박사랍니다. 도도는 계획적인 성격이라 대책 없이 사고 치는 따따를 이해하지 못해요. 시력이 좋지만, 안경을 쓰는 엉뚱한 면이 있어요.

동동

'맹한 걸까? 용감한 걸까? 정체불명 수달'

동동이는 자주 멍한 표정을 지어서 무슨 생각을 하는지 알기 힘들어요. 말보다는 행동이 빠른 편이라, 동동이도 사건 사고의 중심에 있답니다. 조개껍질 모으는 취미가 있어요. 자기가 좋아하는 걸 이야기할 때는 눈이 빛나고 말이 많아요.

두찌

'소심하고 겁많은 울보 두더지'

마음이 여려 사소한 것에도 감동하고 슬퍼하는 감성파예요. 겁이 많은 두찌는 활발한 친구들을 부러워할 때가 많습니다. 평소 마음의 안정을 위해 담요를 두르고 다니는데 담요를 벗으면 왕(큰) 점이 있고, 난폭해진다는 소문도 있어요.

001

가는 날이 장날

일을 보러 가니 공교롭게 장이 서는 날이라는 말로, 어떤 일을 하려고 했지만, 계획대로 되지 않을 때 쓰는 말이에요.

<동의 속담>

가는 날이 생일

헤헤..
하얀아~ 오늘 같이 카페 가자!
엄마가 카페 쿠폰을 주셨어!
짜잔
꺄아~
헉! 진짜? 신난다!
우리 통했다!

난 떡볶이 먹으려고
카드 가져왔거든!

분식집 옆에
카페가
있으니까…

먼저, 떡볶이를
먹고 카페를
갈까?

좋아좋아!
꺄~ 신난다!

어!
초록분식이…
문을 닫았잖아!
헉!
임시휴무

헉!

달콤카페도
휴무래.

가는 날이 장날
이라더니
하필, 오늘 둘 다
문을 닫았네.

002 달리는 말에 채찍질

<동의 속담>

가는 말에도
채찍을 치랬다

'열심히 하고 있는데도 더 빨리하라고 독촉함'을 비유적으로 이르는 말이에요.

쨍 쨍

따따네

오늘…
학습지 선생님이
오시는 날이네.

흠..

숙제 하나도
안 했는데…

9x3=
6x7=
985÷3
66x0.3=

헉..

빨리 해야겠다!

에휴

따따야~
선생님 오시기까지
30분 남았다!
빨리 숙제해!

네~ 지금
하고 있어요!

째깍
째깍
으아아아!
20분 남았다!
아직 10문제나
남았는데…
조금만
더 해보자!
부들…
8×8=
6×3×7
8×9×
68×4
351
따따야~
이제, 수업 들을
준비해!
3×2=
따따야!
엄마~!
달리는 말에 채찍질
하지 마세요!
왜! 계~속
재촉하는
거예요?
빼애액
엄마! 미워~
엄마는 내 맘
하나도 몰라!
엉엉
히잉

003 가는 말이 고와야 오는 말이 곱다

<동의 속담>

가는 떡이 커야
오는 떡이 크다

자기가 남에게 말이나 행동을 좋게 하여야 남도 자기에게 좋게 한다는 말이에요.

때때야~
눈이 왜 그러니?

선생님~
어떻게 된 거냐면요….

울먹 울먹

설명 중..

음~
그러니까 때때가
숙제를 하고
있는데…

으음 °°

엄마가 계속
재촉하는 것
같아서
마음이
급해졌다는
말이지?
엄마는 따따가 수업에 잘 참여하길
바라는 마음에서 하신 말씀일거야.
토닥
토닥
엄마랑 대화로
잘 이야기
해보는 건 어때?
아까~ 엄마
밉다고 하면서
제가,
엄마한테
소리를
질렀어요.
근데요.
선생님~
히끅
히끅
아까 일 때문에
저를 무섭게 혼내시면
어떻게 해요?
뿌앵
그러면 사랑을 담아
사과의 편지를
쓰는 건 어때?
가는 말이
고우면
오는 말도
고운 법이니
혼내지
않으실
거야.

004

<동의 속담>

마른나무에
좀 먹듯 한다

가랑비에 옷 젖는 줄 모른다

'아무리 사소한 것이라도 그것이 거듭되면 무시하지 못할 정도로 크게 됨'을 비유적으로 이르는 말이에요.

흠~
흥~

엄마 오늘 왜 이렇게
예쁘게 꾸미세요?

아~ 엄마는
오늘 친구들이랑
점심 모임이
있거든….

엄마
갔다 올게~
식탁에
밥 있어!

이따 오후에 비가 많이 온다니까
꼭 창문 닫아야해~
넹~

비오는 날이라 그런가 창문 여니까
시원하구먼~
비도 몇 방울
안 들어오는 것
같은데
잠깐
열어 놓고
있자!
시원하니까 잠이
솔솔 온다.
스르르
새근
새근
찌릿
축축
헉! 이게 뭐야!
물바다가 되어버렸잖아!
가랑비에
옷 젖는 줄
모른다더니
내가 딱!
그 모습이네!

005 가뭄에 콩 나듯 한다

어떤 일이나 물건이 어쩌다 하나씩 드문드문 있는 경우를 비유적으로 이르는 말이에요.

공돌공돌 캐릭터 빵이라고!
따란!

여기에 들어있는 스티커 50종을 다 모으는 게 내 목표야.

비록 이거 사려고 3주치 용돈을 다 썼지만….

빵은 같이 나눠 먹자~ 대신 스티커만 모아서 날 줘!
정말? 고마워!
꺄~

이거부터 뜯어 볼까나~
지익

스티커가 두 개나 들어있어!

가끔 가뭄에 콩 나듯 이런 일이 있다던데… 나에게도 이런 행운이 생기는구나!

006

<동의 속담>

검둥개는 돼지 편

가재는 게 편

'서로 비슷하고 인연이 있는 것끼리 사정을 보아주며, 감싸 주기 쉬움'을 비유적으로 이르는 말이에요.

방에 더 이상 공간도 없어요!
어서 가져다 버려요!
엄마! 아빠한테 뭐라 그러지 마세요~
덜덜
아빠도 취미
생활이 있죠!
돌 모으는 게
어때서요?
수북
수북
가재는 게 편이라더니
너도 조개 모으는 거
좋아하니까
아빠 편
드는 거지?
에휴~
그…그런거 아니에요!

007 간에 붙었다 쓸개에 붙었다 한다

'이편에 붙었다 저편에 붙었다 함'을 비유적으로 이르는 말이에요.

가위! 바위! 보!

가위바위보

내가 술래할게!

무궁화 꽃이 피었습니다~

바들 바들
어~ 하얀이 움직였다!
이리와~

바들 바들
동동이 너도 움직였어!
이리와~

헉!
따따야 이번만 봐주면
초코과자 사줄게.
헤헤

헉!
뭐? 흠흠!
하얀이는
다시 보니
안 움직였네!
거기 있어~

나…나는
30cm 아이스크림을 사줄게!

이제 보니 내가 둘 다
잘못 본 거 같아!

간에 붙었다
쓸개에 붙었다 하지 마!
공정하게 게임을 해야지!
야!!

008 강 건너 불구경

자기에게 관계없는 일이라고 하여 무관심하게 방관하는 모양이에요.

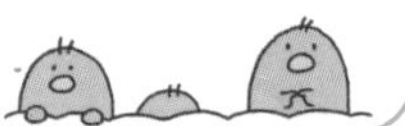

두찌네집

두찌의 요리 교실에 온 걸 환영해~
오늘은 다 같이 쿠키를 만들어보자!

먼저 실온에 둔 버터에
달걀 노른자를 넣고 섞어줘~

엇! 나 흰자까지 넣었어~
도와줘! 두찌야~
히익

두찌야~ 나는
달걀 껍질이
잔뜩 들어가
버렸어.
도와줘~
어라!
나는 달걀을 바닥에
떨어뜨렸어!
으아아
어! 어디부터 도와줘야하지?
파닥
파닥
으응?
동동아~ 너는 거기서
가만히 뭐해?
꼼지락
히히
강 건너 불구경 중이야.
쿠키 만들기보단 재네들
구경하는 게 더 재미있어!

009 개구리 올챙이 적 생각 못 한다

<동의 속담>

올챙이 적 생각은 못 하고 개구리 된 생각만 한다

'어렵던 때의 일을 생각지 아니하고 처음부터 잘난 듯이 뽐냄'을 비유적으로 이르는 말이에요.

푸하하하!
글씨가 이게 뭐야?

ㅋㅋ

꼬불꼬불 지렁이라
하나도 못 알아 보겠어!

ㅋㅋ ㅋ ㅋㅋ ㅋㅋ ㅋㅋ ㅋㅋ

뭐! 지렁이?

그런 너는
얼마나
잘 쓰는데?

반 듯 —

오! 잘 쓰네~
헉
뭐야? 어떻게 연습해서
이렇게 잘 쓰게 된 거야?
흐음..
에헴!
난 원래부터
잘 썼어~
이 몸은
천재라고!
푸흡
푸흡!
도도야~
너 작년만해도
글씨 못 썼잖아!
끄응
가
나
다
개구리 올챙이 적
생각 못한다더니
딱! 그 모양이네~

010

<동의 속담>

'개똥밭에 인물 난다'
'시궁에서 용 난다'

개천에서 용 난다

시원찮은 환경이나 변변찮은 부모에게서 빼어난 인물이 나는 경우를 이르는 말이에요.

오늘~ 학급 장기자랑 있는 날이지?
와
와

응응! 맞아~

너는 뭐 준비했어?
?
?

나는 카드 마술쇼를 보여주려고…

그래서
한 달 전부터
연습했어!
까
까
나는 이번에도
아이돌 춤을
준비했어~
오 역시! 따따는
춤을 정말 잘 춘다니까~!
오!
따따처럼 부모님도
춤을 잘 추셔?
궁금해~
아니 우리 엄마 아빠는
춤을 못 추셔!
NO!
NO!
에헴~
난 개천에서 용 난 거라
볼 수 있지!

011

<동의 속담>

바위에 머리 받기

계란으로 바위 치기

대항해도 도저히 이길 수 없는 경우를 비유적으로 이르는 말이에요.

따따야! 하얀야!

우리 사촌형들이 술래잡기 하자고 하는데 같이 할래?

우와 정말? 재밌겠다! 같이 하자~

척
척

두둥!

안녕~
우와!
다들 엄~청
키가 크다!
덜덜

내가 술래할게!
30초 줄테니
다들 뛰어~~

우리 안잡힐 수 있을까?
으아아아

다리 길이가 1미터나 차이가
나는 것 같아.

으아악! 벌써 쫓아왔잖아!

잡았다.
이 게임은 계란으로
바위치기야! 우린
절대 이길 수 없어~
허억
허억

012 고래 싸움에 새우 등 터진다

남의 싸움에 관계없는 사람이 해를 입는 경우를 비유적으로 이르는 말이에요.

이게 뭐야! 깨끗하던 내 책이
엉망진창이잖아!
이이잇

나대다! 너~ 내 교과서에
또 낙서했지?

이번엔 나 아니야!
다른 애가 장난친 거겠지!
에엥

이 반에 너보다 장난 많이
치는 애가 어딨다고
거짓말 마!

나 아니야!! 진짜 억울하다!

애들아~ 그만 싸워!
도도야! 따따가 아닐 수도 있잖아.
부들
칫

뭐? 지금
따따 편드는 거야?
너도
공범이지?
야!!

공범? 난 아니라니까!
의외로 범인은
하얀이 일 수도 있어!
왁!

아니야! 난 진짜 아니야~
덜
덜

어휴~ 이 고집쟁이들
말리려다 고래 싸움에
새우 등 터지게
생겼네!
휴..

013 고양이 목에 방울 달기

'실행하지 못할 것을 공연히 의논함'을 이르는 말이에요.

나 기네스북 도전할 거야.
히히

기네스북에? 갑자기 왜 그걸 하고 싶은 거야?
오?

한 번 사는 삶이잖아!! 역사에 기록을 남기고 싶어!

오 멋지다! 뭐로 도전하려고?
궁금
궁금

음~ 나는 키가
제일 큰 거에
도전해 보려고!
그건 지금 도전할 수 없잖아?
당
황
지금 도전하려면 컵 쌓기나
잠수 오래 하기 그런 게
더 쉽지 않아?
아니.
난 반드시
키가 3m까지
클 거야.
3m
으하하하!
그건,
고양이 목에
방울 달기 같은데…
토끼는 3m까지
클 수 없어!
도도야~

014 구슬이 서 말이라도 꿰어야 보배

<동의 속담>

진주가 열 그릇이나 꿰어야 구슬

'훌륭하고 좋은 것이라도 다듬고 정리하여 쓸모 있게 만들어 놓아야 값어치가 있음'을 비유적으로 이르는 말이에요.

애들아~ 이거봐!

반짝

이게 뭐야? 동동아~

헤헤

어제 주운 조개에서 진주가 나왔어~

우와! 멋지다~
그런데 고민이야! 이렇게 진주만 있으니까 쉽게 잃어버릴 거 같아~
동동아! 구슬이 서 말이라도 꿰어야 보배랬어!
오!
왕 진주가 생긴 김에 목걸이를 만들어 보는 건 어때?
진주를 잃어버리지 않게 잘 보관할 수도 있고…
짜잔!
이렇게 매일 가지고 다닐 수도 있잖아!

015 굴러 온 돌이 박힌 돌 뺀다

<동의 속담>

굴러온 돌한테 발등 다친다

새로 들어온 사람이 본래 터를 잡고 있었던 사람을 내쫓거나 해를 입힌다는 것을 비유적으로 이르는 말이에요.

따따야! 그거 들었어?

옆 반에 춤을 엄~청 잘 추는 친구가 전학 왔대.

뭐! 얼마나 잘추는데?
흠..

나~보다 잘 춰?

음~ 따따보다 잘 추는 지는
모르겠지만…
음…
최근 아이돌 노래 안무는
다 출 수 있대!
뭐? 이럴수가!
헉!
당장! 그 친구를~
만나봐야겠어.
덜
덜덜
덜
이이익!
굴러온 돌이
박힌 돌 뺀다고
내 인기를
다 가져가는 거
아니야?
춤으로는 내가 우리학교
1등인데~ 절대 질 수 없지!

016

<동의 속담>

굼벵이도 떨어지는 재주가 있다

굼벵이도 구르는 재주가 있다

'아무리 무능한 사람도 한 가지 재주는 있음'을 비유적으로 이르는 말이에요.

빼액
그런 말 하지마! 두찌야~!
굼벵이도 구르는 재주가 있다고 했어! 분명 너도 한 가지 재주는 있을 거야!
웅~웅! 철봉 매달리기는 잘 했으면 좋겠다.
힝..
슈슉
착
우와! 두찌 매달리기 잘한다! 우리 반 신기록이야!
내가! 해냈어! 얘들아~
헤..

017 귀에 걸면 귀걸이 코에 걸면 코걸이

'보는 입장에 따라 이렇게도 설명할 수 있고 저렇게도 설명할 수 있는 경우'를 비유적으로 이르는 말이에요.

이번 미술 시간엔 비누로 조각을 해볼 거예요!

바다를 주제 삼아 다양하게 만들어 보아요~

동동아~ 너는 뭐 만들어?

나는 키조개를 만들 거야.

역시 오늘도
조개를
만드는구나.
읭!
읭!
나는 뭘 만들까?
흥
읭
꽃게를
만들자!
엥? 따따야
이 덩어리는 뭐야?
아까 꽃게를
만든다고
하지 않았어?
이건 꼭
미역 같아!
엉성
오! 그래 그럼~ 이건
미역이라고 하자!
룰루
랄라
귀에 걸면 귀걸이 코에 걸
면 코걸이 아니겠어?

018 꼬리가 길면 밟힌다

<동의 속담>

고삐가 길면 밟힌다

나쁜 일을 아무리 남모르게 한다고 해도 결국에는 들키고 만다는 것을 비유적으로 이르는 말이에요.

다녀왔습니다

하얀이 집에 빨리왔네!

케이크가
먹고 싶어서
달려왔어요!

손 씻고 와~
그럼 잘라 줄게.

네~

도도도

하얀이 동생
흿
맛있겠다.
그치만 이건
오빠 건데….
츄릅..
헤헤 헤헤
혀만
살짝 대보면
내가 먹은 줄
모르겠지?
할짝
동생아~
꼬리가 길면
밟히는 거야!
허락 받고
먹었어야지!
지금 뭐해?

019

<동의 속담>

굿 보고 떡 먹기

꿩 먹고 알 먹기

'한 가지 일을 하여 두 가지 이상의 이익을 보게 됨'을 비유적으로 이르는 말이에요.

엇! 이건 동동이 지갑이잖아!
동동이가
떨어뜨렸나 보다.

동동아!
동동아!

나 불렀어~?
어머!

응~ 동동아!
너 혹시 지갑을 떨어뜨렸어?
자~
정말이네! 고마워 두찌야!
초롱
초롱
두찌가 지갑을
찾아줬으니까
아이스크림
사줄게!
안 그래도 되는데~
고마워!
동동이 지갑을 찾아줘서
뿌듯한데… 아이스크림도
얻어먹다니!
히히
꿩 먹고 알 먹기네!
고마워~

020 남의 손의 떡은 커 보인다

<동의 속담>

남의 밥에 든 콩이 굵어 보인다

'물건은 남의 것이 제 것보다 더 좋아 보이고, 일은 남의 일이 제 일보다 더 쉬워 보임'을 비유적으로 이르는 말이에요.

우리가 5명이니까
10조각으로 오는
큰 피자를 시켰어!
짠!

오랜만에 피자 먹을
생각하니까 벌써 행복하다!

같이 돈 모아서 시킨 거니까
공평하게 나누자!
그래!

따끈
먼저, 이건 따따 꺼!
따끈

이건
하얀이 꺼~
동동이 꺼~
도도 꺼~
두찌 꺼~
잘먹겠습니다~
잠깐!
어째 동동이 꺼가 내 꺼보다
큰 거 같아~
그럼 피자 조각 크기를
비교해 보자!
하하하
크기가 똑같잖아!
남의 손의 떡이
더 커보인다더니
진짜네!

021 남의 잔치에 감 놔라 배 놔라 한다

남의 일에 쓸데없이 참견하는 사람을 비꼬아 일컫는 말이에요.

오늘 내 패션으로
모두를 놀라게 해주겠어!

맨날 입던 평범한
스카프 말고…

귀엽고…

멋지고…

시선을 사로잡는…

그런 옷 입고 나가야지!
이
아빠 넥타이도 하나 빌리고~
스스
엄마 치마도
하나 빌리고~
스스
동생 바지도
빌려 입어야지~
스이이
형아~
진짜 그러고 나갈 거야?
헉..
에휴~
넌 패션을
하나도 몰라~
남의 잔치에
감 놔라 배 놔라
하지마!

022

<동의 속담>

가갸 뒷 자도 모른다

낫 놓고 기역 자도 모른다

'사람이 글자를 모르거나 아주 무식함'을 비유적으로 이르는 말이에요.

오~

역사 박물관엔
정말 신기한 게 많다~

우와

오~

근데… 이건 뭐지?

누가 돌멩이를 이렇게
전시해 놓은 거래~

어휴~
낫 놓고 기역 자도 모른다고
따따 너는 정말 무식해!

어휴

엥?

저건 그냥 돌이 아니라
떈석기야.

뗀석기? 그게 뭐야?
?
?
?
?

그냥 깨진 돌맹인데…
이건 길에도 많아

으이구!
사회 시간에
졸지 말랬지!
빼액

과거에 무기가 없을 때
사냥을 위해서 일부러 돌을
쪼갠 게 뗀석기야!
우가
우가

오! 그렇구나!
그걸 왜 전시하는 거지?
-.-
?
?
?
오잉
오잉?

023 낮말은 새가 듣고 밤말은 쥐가 듣는다

항상 말조심해야 한다는 말로 '아무리 비밀리에 한 말이라도 반드시 남의 귀에 들어가게 된다'는 말이에요.

뭐?! 누가 그래?
두찌 그런 거 없어!

낮말은 새가 듣고 밤말은
쥐가 듣는다고 했어!
두찌가 들으면
얼마나
황당하겠어?

맞아! 나 왕 점 없어~

도대체 어디서
소문이 시작된 건 지
모르겠지만
나는
그런 게
없는데….

024 내일은 해가 서쪽에서 뜨겠네

'전혀 예상 밖의 일이나 절대로 있을 수 없는 일을 했거나 하려고 할 때' 비유적으로 이르는 말이에요.

따따가 일찍
일어나다니!
내일은 해가
서쪽에서
뜨겠네~
하하
이제 과거의
따따는 잊어주세요!
뿌듯
부지런하게
살기로
했거든요.
으하하하하!!
다음날
따따야
일어나야지~
쿨 쿨 쿨
으음… 5분만요~
Zzz
Zzz

025 누울 자리 봐 가며 발 뻗어라

<동의 속담>

이부자리 보고 발을 펴라

어떤 일을 하려고 할 때 주변 상황, 시간과 장소를 가려서 말과 행동을 해야 한다는 말이에요.

히히!
그럼 내가…
나!나!나!
내가 할래~!
오잉?
따따잖아?
따따
달리기 잘해?
잘하지! 대결해 볼래?
긴장 …
시~작
쌔
앵
빠~르다!
따따도 참…
누울 자리 봐 가며
발을 뻗어야지!
하얀이가
얼마나 빠른데!

026 누워서 침 뱉기

<동의 속담>

하늘에 돌 던지는 격

‘어떤 말과 행동을 함으로써 곧 자기에게 해가 돌아올 짓을 함’을 비유적으로 이르는 말이에요.

바나나 맛있나!
냠
냠

껍질 버릴 데가
어디 없나?
쓰레기통이다!

아니지! 이렇게 그냥 버리면
재미없으니까~ 친구들을 놀려주자!

여기에
바나나 껍질을 놓으면…
스윽

이따 친구들이 와서
미끄러지겠지!
크크크 재밌겠다! 구석에서
몰래 지켜봐야지~
10분 후
흠… 아무도 안 오네.
엥?
다들 어딨는 거야?
미끌
미끌
꽈당!
이런 남을
골려주려다가
누워서
침 뱉기로
내가 당했네!

027 눈 가리고 아웅

얕은수로 남을 속이려 한다는 말이에요.

<동의 속담>

귀 막고 아웅 한다

지익
NOTE
-도도-
헉
헉! 찢어졌다!
어쩌면 좋지?
애들아 뭐해?
벌컥
전혀~! 아무 것도 아니야~
철푸덕
눈 가리고
아웅하지마!
아래에
숨긴 게 뭐야?
? ?
설마! 아래에 찢어진 게
내~ 수첩이야? 안돼!

028 다 된 밥에 재 뿌리기

<동의 속담>

다 된 밥에 코 빠트린다

'다 된 일을 끝에 가서 망치게 되는 것'을 비유적으로 이르는 말이에요.

고추장은 많아야 맛있어!
푸욱
턱
안돼애액!
너무 많이 넣었잖아~
화악
헉!
이건,
다 된 밥에
재를 뿌린
거야!
아니야~ 막상 먹으면
엄청 맛있을 걸…
와앙
퉤! 이게 뭐야!
엄청 짜서 못 먹겠어!
퉤엣
퉤엣

029

<동의 속담>

추우면 다가서고
더우면 물러선다

달면 삼키고 쓰면 뱉는다

옳고 그름이나 신의를 돌보지 않고 자기의 이익만 꾀함을 비유적으로 이르는 말이에요.

두찌야! 나~ 책 반납해야 하는데… 같이 도서실 가자!

나도 같이 가자! 도도야~

나는 도서실에 가는 게 너무 좋아~
와아

도서실의 핑퐁 선생님은 도서실에 갈 때마다

맛있는 사탕을
주시잖아!
이번에도 가면 달콤한
사탕을 주시겠지? 신난다~
음...
오늘 핑퐁 선생님
아프셔서
학교에
안 나오셨대!
뭐? 나 그러면
도서실 안 갈래!
달면 삼키고
쓰면 뱉냐?
사탕이
없다니까
안 가려고
하네!
몰라! 나는 안갈래~~
파닥

030 닭 쫓던 개 지붕 쳐다본다

'애써 하던 일이 실패로 돌아가거나 남보다 뒤떨어져 어찌할 도리가 없이 됨'을 비유적으로 이르는 말이에요.

동동아~ 뭐해?

나 다음 날에 있을 종이배 경주대회 때문에…
히힝

종이배를 만들고 있어!

동동이 배
이게 배의 몸통이고,

여기가 배의 앞머리
부분이야~
도도이 바
나는 여기에 쏙! 들어가서
노를 젓는 거지!
그런데 동동아
그거 알아?
어...
음...
그게..
종이배
경주대회
참가자 신청은
이미 끝났어!
뭐? 나 엄청 노력했는데~
어쩌면 좋지?
멍..
흑~흑~
닭 쫓던 개 지붕 쳐다보게
생겼네!
에휴

031

도둑이 제 발 저리다

'지은 죄가 있으면 자연히 마음이 조마조마하여짐'을 비유적으로 이르는 말이에요.

<동의 속담>

도둑이 포도청 간다

친구들이 우리 집에
오기로 한 건 4시고,
4:00
흠..

지금은 3시 반이니까
아직 30분이나 남았네!
3:30
!

그렇지만 못 기다리겠어!
딸기 한 개만 맛을 볼까?
헤헤

음~! 맛있다!
한 개 만 더!
한 개 만 더!

헉! 어느새 다 먹었어!
잠시 후
애들아 같이
딸기케이크 먹자~
오잉 딸기 케이크인데
딸기가 없네?
?
당황
딸꾹 딸꾹!
그러게….
콩닥 콩닥
으아아~
도둑이 제 발
저리다고
거짓말은
못하겠다!
심장이 콩닥~콩닥해!
다음부터는 꼭 친구들이랑
나눠 먹어야지!

032

될성부른 나무는 떡잎부터 안다

'앞으로 크게 될 사람은 어려서부터 이미 다른 아이들과 비교하여 뛰어난 경우가 많다'는 말이에요.

<동의 속담>

용 될 고기는 모이 철부터 안다

동동아! 따따는 언제부터 춤을 잘 췄던 거야?
우리 엄마랑 따따 엄마랑 친하잖아! 우리 엄마한테 듣기론 아기 고양이 때부터 흥이 많았대!

노래만 나오면~

춤추기 바빴다고 하더라고!
둠칫
둠칫

힙합도 좋아하고…
히
히
쿵
쿵
쿵
락도 좋아하고…
모든 음악을 좋아했대.
반면에 나는 손가락만 쪽쪽
빨고 얌전하게 있어서
음냐
음냐
어쩜 이렇게 다른지
신기했다고 하셨어~
헤
헤
될성부른 나무는
떡잎부터
알아본다더니
따따는 어릴 때부터
끼가 넘쳤구나!

033

<동의 속담>

업은 아이
삼 년 찾는다

등잔 밑이 어둡다

대상에서 가까이 있는 사람이 도리어 대상에 대하여 잘 알기 어렵다는 말이에요.

어라?
리모콘이 어디간 거야?

에잉

?

여기도 없고~

여기도 없고~

여기 있나?

여기도 없네….

에휴…

발이 달린 것도 아닌데
어딜 간 거지?

아까까지만 해도
채널을 돌렸는데….

으음

짠~
저 까만 건 뭐지?

리모콘이다!
오오
등잔 밑이 어둡다고
쇼파에 껴 있었네!~
헤헤~

034

<동의 속담>

주먹으로 물 찧기

땅 짚고 헤엄치기

'어떤 일이 의심할 여지도 없이, 너무 쉽고 간단하다'는 말이에요.

시작 전에
두 선수의 포부를
들어봐야겠죠!
오오!
하얀 선수~?
최선을 다해
열심히 하겠습니다!
도도 선수~?
엣헴!
우승은
땅 짚고
헤엄치기지죠~
제가
반드시 이깁니다!
두 선수의 포부가
정말 멋집니다!
그럼 시작해볼까요?

035 떡 줄 사람은 생각도 않는데 김칫국부터 마신다

혼자 넘겨짚어 미리부터 기대하는 사람을 비꼬아 일컫는 말이에요.

뭐~ 상상은 해볼 수 있잖아~
오배~
뭐~
어휴~ 그래!
엄마가 1등 하래?
1등 하면
뭐 사주신대?
아니? 우리 엄만
내 점수에 관심없으셔~
NO!
친구들이랑 싸우지 말고,
잘 지내고, 건강하면 된대!
으쌰
으쌰
뭐야?
떡 줄 사람은
생각도 않는데
김칫국부터
마신 거야?
푹
상상은 자유잖아~
룰루
랄라

036 똥 묻은 개가 겨 묻은 개 나무란다

'자기는 더 큰 흉이 있으면서 도리어 남의 작은 흉을 본다'는 말이에요.

<동의 속담>

똥 묻은 접시가 재 묻은 접시 흉본다

어휴! 얼굴에 다 묻히고 먹으면 어떻게 해?

스윽
푸흡! 도도 얼굴에도 잔뜩 묻었는데…
도도는 정말 칠칠맞아!

이리 와바~ 닦아줄게!

그렇게 많이 묻었…
으악!
푸흡

너야말로 닦아야겠다! 이게 뭐야? 얼굴이 양념 범벅이잖아!
절레

두둥

풉~!
똥 묻은 개가 겨 묻은 개 나무란다더니~
푸히히
둘다 잔뜩 흘렸으면서… 서로한테 뭐라고 하다니? 진짜 웃겨~~

히히
히히

따따~ 너도 얼굴에 소스 묻었는데…

037

뛰는 놈 위에 나는 놈 있다

'재주가 뛰어나다 하더라도 그보다 더 뛰어난 사람이 있다'는 뜻으로, 뛰어난 사람을 경계하여 이르는 말이에요.

뛰는 놈 위에 나는 놈 있다고
하지?

그 나는 놈이 바로 나야!

난 이렇게도
다리를
찢을 수 있고,
쭈욱

이렇게 서서도 다리를
찢을 수 있다고~오오옥!
쭈욱

찌릿

쥐~ 쥐가 났어!
애들아 도와줘!
파르르
덜덜

038 말 한마디에 천 냥 빚을 갚는다

'말만 잘하면 어려운 일이나 불가능해 보이는 일도 해결할 수 있다'는 말이에요.

나 0원!
나돈데…
텅
텅
말 한마디에 천 냥 빚도
갚는다고 했어~
아자
나만 믿어!
내가 엄마를
잘 설득해 볼게!
히
히
엄마~ 어깨
주물러 드릴까요?
빼꼼
그런데 조건이 있어요!
흠
흠
어깨 주물러 드릴테니까
아이스크림 사주세요!
호호
너 그게
목적이었구나~

039

모로 가도 서울만 가면 된다

'무슨 수단이나 방법으로라도 목적만 이루면 된다'는 말이에요.

<동의 속담>

모로 가나 기어가나 서울 남대문만 가면 그만이다

이게 뭐야? 도도야?
어..

아! 인사해~
내 친구 알베르노야.
하하

알베르노 3세

알~ 베르노?
이렇게 태엽을 돌렸다가
드르륵

놓으면 앞으로
이동하는 장난감이야~
멈칫
어라? 왜 앞으로 안 가지?
당황
당황
기계가 말을 안 들을 땐
한 대 치면 잘 움직인대!
아!!
퍼억
뭐~ 괜찮아!
모로 가도 서울만 가면
됐어.
하하
오오 움직인다!
근데 너무 느린데…
뽈뽈

040 목구멍이 포도청이다

<동의 속담>

입이 포도청이다

'먹고 살기 위해, 해서는 안 될 짓까지 하지 않을 수 없음'을 이르는 말이에요.

알겠네….
흐윽
흐윽
흐윽
흐윽
흐윽
흐윽
와~ 나쁜사람!
목구멍이 포도청이라
고 해도 그렇지!
친구를 배신하다니!
그치만…
친구를 배신하지 않으면
자기 딸이 죽는 걸….
그것도 그렇네!
저런 상황에선
도대체 누구를
골라야 할까?
야옹

041 목마른 사람이 우물 판다

'제일 급하고 일이 필요한 사람이 그 일을 서둘러 하게 되어 있다'는 말이에요.

억! 똥 마려! 큰일 났다!
헉

당장 화장실을 가야해!
삐질
삐질

화장실이 어디지?
두리번
두리번

이 동네는
처음 와봐서
화장실이 어딨는지
모르겠어~
당황

애들아 여기 화장실이
어딘지 알아?
나도 잘 모르겠어.
나도 모르겠어.
손씻고 싶은데…
이러다가
바지에 쌀 것 같아!
꾸룩
꾸룩
윽 그렇담.
목마른 사람이
우물을 파는 법!
덜덜
덜덜
내가 화장실을 찾아볼게!
쌩
쌩
여긴가?
휙
휙
여기도 아니네!

042

<동의 속담>

못 먹는 호박
찔러 보는 심사

못 먹는 감 찔러나 본다

'제 것으로 만들지 못할 바에야 남도 갖지 못하게, 못 쓰게 만들자는 뒤틀린 마음'을 이르는 말이에요.

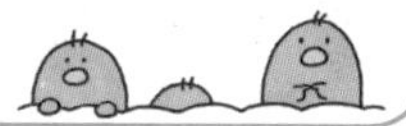

형아 게임기도 부술 거야!
휙!
이 녀석~
못 먹는 감 찔러나 볼
생각하지 말고… 가만 둬!
형아는~
칭찬 스티커를 다 모아서
게임기를 사준 거야.
나나도 게임기를
가지고 싶으면
칭찬 받을 행동을
하면 되잖아!
치이….
치~
뭐 부터 하면 되는데요?
에휴
치

043

<동의 속담>

미운 아이 먼저 품어라

미운 놈 떡 하나 더 준다

'미운 사람일수록 잘 대해 주어야 후환이 없다'는 말이에요.

아빠! 요즘 나나가
말을 잘 안 들어서
고민이에요!
어휴

자꾸~ 형인 따따랑
싸우려고 하고…

게임기나 사 달라고 조르고…

지끈
밥도 잘 안 먹고,
떼쓰니 어떻게
해야 하나 싶어요~

어허허!
너 어릴 때랑
똑같구나!
허허
그럴 땐 미운 놈
떡 하나 더 준다고
생각하고 칭찬을
더 해주는 건 어떨까?
저번에 나나랑
이야기를 해보니까~
허허
형아가 자기 관심을
다 뺏어가는 것 같아서
질투가 난다고 하더라고…
흥
관심도, 사랑도,
받고 싶어서 그러는 것이니~
사소한 것부터
칭찬을 해주는 게 어떻겠냐?
하하
하

044

<동의 속담>

믿었던 돌에 발부리 채었다

믿는 도끼에 발등 찍힌다

믿고 있던 일이 어긋나거나 믿고 있던 사람이 배반하여 오히려 해를 입음을 비유적으로 이르는 말이에요.

룰루랄라 오늘은 금요일~

오늘 학습지 선생님이랑
수업하고 나면…
오!

주말도 쉴 수 있고…
SAT

추석 연휴까지
있으니까…

다음 주
수요일까지
자유네!
꺄

그 동안에 뭐 하고 놀까~
히히

엄마 아빠한테
놀이공원을 가자고 할까나~

엄마~ 우리 추석에
놀이공원 가요!

안돼~ 추석에
할아버지 댁도 가고,
성묘도 가야지!

안된다니! 이럴 수가~
히잉

에효~
믿는 도끼에
발등 찍히는 게
이런 기분이구나!

045

<동의 속담>

시루에 물 퍼붓기

밑 빠진 독에 물 붓기

'아무리 애를 써도 보람이 없는 일'을 비유적으로 이르는 말이에요.

에잇! 몰라!
다 넣어~
그래그래! 짜면 물을
더 넣음 되잖아!
헤
헤
국물 맛 좀 봐!
냠
으악
짜!
물 넣자~
짜다!
냠
물!
짜다!
물 넣어
윽! 짜
이건
밑 빠진 독에 물 붓기야!
아무리 물을 부어도
안 될 것 같아~

046

<동의 속담>

바람 간 데 범 간다

바늘 가는 데 실 간다

'사람의 긴밀한 관계'를 비유적으로 이르는 말이에요.

엇! 하양아~ 따따야~
어딨어?

선생님이 찾는데 따따가 워낙 잽싸게 돌아다니니까 어딨는지 모르겠어~

음 그러면 동동이를 찾아보는 건 어때?
히히

동동이를??
응응!

바늘 가는 데
실 간다고…
동동이가 있는 곳엔
늘 따따가 있다니까!

동동이는 해양생물도감을
보러 도서실에 자주 가니까
거기 있겠다!
헉

동동아~
소곤 소곤

응? 동동이는 저기서
책 보고 있어!

우와! 동동이 찾으러 오니까
진짜 따따가 있네!
우와 오!

047

바늘 도둑이 소도둑 된다

'작은 나쁜 짓도 자꾸 되풀이하게 되면 나중에는 큰 죄를 저지르게 된다'는 말이에요.

<동의 속담>

바늘 쌈지에서 도둑이 난다

으응..
식탁에 있던 동전들이 다 어디 갔지?

도도야~ 식탁에 있던 동전 어디 갔니?
헉

모~모르겠어요!
덜
덜

도도야 정말 어디 갔는지 모르니?
그~그게…
저…정말 몰라요.
흐음..
덜
덜

어허!
도도 거짓말 하는 거야?
어허!
바늘 도둑이
소도둑
되는 거야!
빨리 가져와!
네에!
쌩
여기있어요~ 엄마!
제 저금통에
모으고 싶어서
거짓말을 했어요.
죄송해요~
그러면 솔직하게
이야기 했어야지!
토닥 토닥
다음부터는 그러면 안돼!
네~

048 발 없는 말이 천 리 간다

'말은 비록 발이 없지만 천 리 밖까지도 순식간에 퍼진다'는 뜻으로, 말을 삼가해야 함을 비유적으로 이르는 말이에요.

쿵쿵
따따~ 오늘 오디션 본다며?
잘 하고 와~
응! 고마워~
따따 오디션에 합격했다며?
진짜 멋지다!
으…응
난 분명 두찌랑 하얀이한테만
말한 것 같은데…
흠..
발 없는 말이
천 리 간다고
모두가
다 알잖아!
괜히
부담스럽네!
쿵
다음부터는 입조심해야겠다.
에휴

049

<동의 속담>

발보다 발가락이 더 크다

배보다 배꼽이 더 크다

'기본이 되는 것보다 덧붙이는 것이 더 많거나 큰 경우'를 비유적으로 이르는 말이에요.

도도야 같이
쿠키 만들어 먹자!
좋아~좋아!

쿠키 맛있겠다!
뭐부터 하면 돼?
츄릅

먼저 장을 보러 가야해~
재료가 똑 떨어졌거든!
히히
헤

버터도 사야 하고,

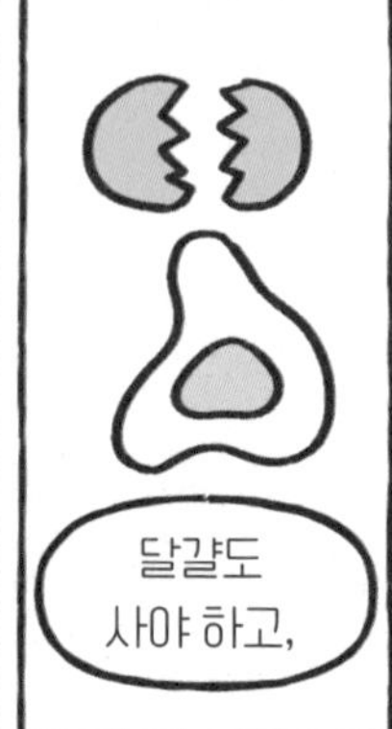
달걀도
사야 하고,

우유도 사야 하고,
우유
코코아파우더도 사야 하고. 초콜릿도 사야 하고, 유산지도 사야 해!
히엑
배보다 배꼽이 더 크다! 사 먹는 게 더 나을 것 같아~
쿠키 재료값만 3만 원이 훌쩍 넘겠는 걸….
10000
카페에서 파는 쿠키는 3,000원이면 사 먹을 수 있잖아~
그래도 만들어 먹으면 재밌고 건강하고….
칫! 도도는 아무 것두 몰라~
쌔앵

050

<동의 속담>

종잇장도
맞들면 낫다

백지장도 맞들면 낫다

'쉬운 일이라도 협력하여 하면 훨씬 쉽다'는 말이에요.

이빠~

슥삭

설거지 할 거 많아요?

응~ 반찬을 만들었더니
닦을 게 많네~

백지장도 맞들면 낫댔어요!
제가 도와드릴게요!

헤헤

아빠가 거품을 칠하면 제가
물로 헹구는 거 어때요?

그래~ 그렇게 해보자!
뽀득
뽀득

깨-끗

하하
같이 설거지하니까
훨씬 빨리 끝났죠?

그러네~
덕분에 빨리 끝났어~
하하

그럼 이제 용돈 주세요!
두둥

051

뱁새가 황새를 따라가면 다리가 찢어진다

‘힘에 겨운 일을 억지로 하면 도리어 해만 입는다’는 말이에요.

출렁

이번 검진 결과는 충격적이야!

힝

내가 복부 비만이라니!

다이어트해서
복근 있는
멋쟁이 때때로
거듭날 거야!

살 빠지는
50분 운동

난 춤을 좋아하니까
춤으로 뱃살을 빼야지!

헛둘

5분 후~
좀…
힘드네~
허억

뱁새가 황새를 따라가면
다리가 찢어진다고…
덜덜
후달달
난~
더 이상 못해!

052

벼룩의 간을 빼 먹는다

<동의 속담>

모기 다리에서 피 뺀다

'어려운 처지에 있는 사람에게서 금품을 뜯어냄'을 비유적으로 이르는 말이에요.

이잉! 천 원만 빌려줘~
질
질질
벼룩의 간을 빼 먹어라~
컵 떡볶이는 2,000원이나 한다고!
너한테 돈 빌려주면 나는 이따가 떡볶이를 못 사 먹는다고!
힝~ 너무해!
그럼 이따가 떡볶이 한 입만~

053

<동의 속담>

등 치고 배 만진다

병 주고 약 준다

'쉽게 남을 해치고 나서 약을 주며 그를 구원하는 체 한다'는 뜻으로, 교활하고 음흉한 자의 행동을 비유적으로 이르는 말이에요.

동동아 오늘 옷이
너랑 정말 잘 어울린다!

고마워~ 하얀이는 정말 친절하고
배려심이 넘치는 것 같아!
헤
헤

빵도 늘 나눠먹고 친구들
칭찬도 잘하잖아!

하하 그런가? 고마워~

맞아 맞아!
끄덕 끄덕

하얀이가 조금 못생기긴 했어도
배려심은 넘치지!
힛

뭐? 따따야~

아하하! 농담이야~
룰루

하얀이는 편식도 안 하고
골고루 잘 먹지만, 방귀 냄새도
지독한 멋진 친구지!
짱

어이구!
재가 병 주고 약 주네!
너 잡히기만 해!
쌩

054

<동의 속담>

끓는 국에
국자 휘젓는다

불난 데 부채질한다

나쁜 일을 겪고 있는 사람을 도와주지는 못하고 더 곤란하게 하는 경우를 비유적으로 이르는 말이에요.

으윽!
이 실험도 실패야~

왜 이번엔 보글보글
안 올라오지?
온도가
잘못 된건가?

흐음… 뭐가 문제지?
아오

왜 그래? 도도야~

아! 실험이 마음대로
안돼서 답답해~

이 몸이
도와줄게!
당당

따따~ 너가 뭘 도와줘?
제발 사고나 치지마!
당황

콸콸
아냐 내가 해줄게!
이 용액을 여기에 부으면 되잖아!

히익
안돼! 마지막으로
남은 실험 재료란 말야~
가뜩이나
제대로 안 돼서 심란한데…
불난 데 부채질까지 하네!
안돼

055

비 온 뒤에 땅이 굳어진다

<동의 속담>

산이 높아야
골이 깊다

'어떤 시련을 겪은 뒤에 더 강해짐'을 비유적으로 이르는 말이에요.

너무 무섭다~!
덜
덜
아냐~!
비 온 뒤에
땅이 굳어진다고 했어!
덜
오늘 이 시련을 이겨내고,
나는 더 강해진!
두찌가 될거야!
우르르 쾅쾅
쌔—앵
으아아악!
엄마한테
전화할래~
엄마아악~
언제 집에 와요?

056 빈 수레가 요란하다

'실속 없는 사람이 겉으로 더 떠들어 댐'을 비유적으로 이르는 말이에요.

<동의 속담>

속이 빈 깡통이 소리만 요란하다

쯔재각
쯔재각
다 풀었어요!
척
그래~
어디 보자!
당황
이게 뭐야?
한 문제 빼고
다 틀렸잖아!
헤헤!
다 맞을 줄
알았는데….
히히
빈 수레가
요란하다더니
따따~
이 녀석!

057 사공이 많으면 배가 산으로 간다

'여러 사람이 자기 주장만 내세우면 일이 제대로 되기 어려움'을 비유적으로 이르는 말이에요.

<동의 속담>

말 많은 집은 장맛도 쓰다

어유
사공이 많으면 배가 산으로 가는 법이지!
이러다 놀지도 못하고, 점심시간이 끝나겠네!
칫!
흐음
그렇다면… 인생의 진리!
가위!바위!보!로 정하자!
가위!바위!보!
으악! 졌다!

058 사촌이 땅을 사면 배가 아프다

'남이 잘되는 것을 기뻐해 주지는 않고, 오히려 질투하고 시기하는 경우'를 비유적으로 이르는 말이에요.

따따아야~ 그거 들었어?

옆 반에 춤 잘 추는 친구 알지?

응! 그 친구가 왜?

이번에 어린이 힙합 대회에서 1등을 했대!
1등

뭐? 쳇!
내가 더 잘할 수 있어!

내가 나갔으면
1등은 따놓은 거라고!
1

잘춰봤자~ 나보다 잘 추겠어?
칫
칫

흐느적 흐느적
하면서 췄겠지?
흐물
흐물

사촌이 땅을 사면
배가 아프다더니!
따따가 지금 그런가 보네~
그러게~

059 서당 개 삼 년이면 풍월을 읊는다

<동의 속담>

산 까마귀 염불한다

'어떤 분야에 대하여 지식과 경험이 전혀 없는 사람이라도 그 부문에 오래 있으면 얼마간의 지식과 경험을 갖게 된다'라는 것을 비유적으로 이르는 말이에요.

두찌야~ 너는 베이킹을
정말 잘하는 것 같아!

요리학원을 다니면서 배운 거야?

아니! 우리 아빠가
베이킹하는 게 취미거든!

서당 개 삼 년이면
풍월을 읊는다고
하잖아~

아빠
어깨너머로
배웠나 봐~

자연스럽게 아빠랑
같이 만들다 보니까~
히히

나도 모르게 빵 만들고
쿠키 만드는 게 쉬워졌어!

오! 어쩐지… 그래서 내가
요리를 못하는 거구나!
허걱

그게 무슨 소리야?
응?

두찌 너한테만 말해주는 건데
우리 엄마 반찬은 다 맛이 없거든!
심각

그래서 우리 집은
반찬을 사서 먹어!
요리를 배울 기회가 없었지!

060

<동의 속담>

어설픈 약국이 사람 죽인다

선무당이 사람 잡는다

'능력이 없어서 제구실을 못하면서 함부로 하다가 큰 일을 저지르게 됨'을 비유적으로 이르는 말이에요.

싹둑
싹둑
싹둑

아얏!
종이를 자르다가 손이 베였네.

보건실에 가야겠다.

헉! 하얀아 같이 가줄게~

보건실
선생님이
안 계시네.
대신 내가
치료해줄게!
소독부터 하자!
휙휙
덕지
덕지
연고를 너무 많이
바른 거 아니야?
어허! 아니야~
나만 믿어!
붕대도 감아줄게!
나만 믿으라더니~ 이게 뭐야!
미라를 만들었잖아!
선무당이
사람
잡는다더니
...
진짜였네!

061 세 살 적 버릇이 여든까지 간다

<동의속담>

제 버릇 개 줄까

'어릴 때부터 나쁜 버릇이 들지 않도록 잘 가르쳐야 함'을 비유적으로 이르는 말이에요.

허리 펴고 앉아~ 바대야!

힝! 귀찮아~ 이게 더 편한 걸~

구부정

세 살 적 버릇이 여든까지 간다고 했어!

지금부터 구부정하게 앉으면…

덜 덜
1년 뒤에
거북목이 오고,

파르르
허리도
망가질 거야!

그러면 10년 뒤에
허리가 'C자' 모양이 되겠지!
C
C

꼬부랑 할아버지가
되었을 때쯤엔…

허리가 'ㄱ자' 모양으로 완전
히 굽어버릴지도 모른다고!
부들
부들

으! 그만해! 무서워~
으악

062 소 잃고 외양간 고친다

<동의 속담>

도둑맞고 대문 고친다

'일이 이미 잘못된 뒤에는 손을 써도 소용이 없음'을 비꼬는 말이에요.

수행평가 종이가
다 젖은 거 있지!
하필 내가 수성펜으로
글씨를 적어서
글씨가 전부 번졌어!
한 글자도 알아보기
어렵게 되어버렸지 뭐야~
흐잉
흐잉
헉!
너무 속상했겠다~
힝
이번엔 다신 그런 일이
없게끔 연필로 쓰고 있어.
슥삭
소 잃고
외양간 고치는 거지
뭐~!

063 소문난 잔치에 먹을 것 없다

<동의 속담>

이름난 잔치 배고프다

소문이 실제와 일치하지 아니하는 경우를 비유적으로 이르는 말이에요.

아무래도 과장해서
광고하는 것
같은데…
왜~
소문난 잔치에 먹을 게
없다잖아!
그럼, 오늘 끝나고
같이 가보자!
안녕하세요~
사장님~
초대형 츄러스
핫도그 주세요!
엥
에게게~
그냥 핫도그 크기랑
똑같잖아!
엥

064

송충이는 솔잎을 먹어야 한다

'자기 분수에 맞게 처신하여야 함'을 비유적으로 이르는 말이에요.

<동의 속담>

송충이가 갈잎을 먹으면 죽는다

송충이는 솔잎을 먹어야
한다고 했어!
난 내 주제를 알아~
에휴
에휴
내 연기를 봐!
이.도.끼.가.너.의.도 끼.냐~
뚝딱
뚝딱
뚝딱
확실히 심각하네~
내가~ 차라리
산신령 옆 나무 역할을 할게.
연기 잘하는
하얀이가 산신령
역할을 하자.
그…
래!
그게
좋겠다.
삐질
삐질

065

쇠귀에 경 읽기

<동의 속담>

말 귀에 염불

아무리 가르치고 일러 주어도 알아듣지 못함을 비유적으로 이르는 말이에요.

먼저 두 동작을 같이하기 전에 엉덩이부터…
왼쪽!
오른쪽!
이렇게?
삐걱
삐걱
아니 그게 아니고 오른쪽! 왼쪽! 이렇게!
정색
그니까… 이렇게?
삐그덕
아이참. 그건 허리를 움직인 거고!
소 귀에 경 읽기네.
알려줘도 못하잖아!

066 쇠뿔도 단김에 빼라

어떤 일이든지 하려고 생각했을 때 망설이지 말고 곧 행동으로 옮겨야 함을 비유적으로 이르는 말이에요.

아~ 맞다!
우리 수학 숙제 있는네…

내일까지 아직 시간 있으니까
조금 이따 해야지!

휘
휘

아니! 쇠뿔도 단김에 빼랬어.
지금 생각난 김에 바로 하자.

쯔응

싫어~ 뒹굴뒹굴하면서
놀고 싶단 말이야!

철푸덕

빨리하고 쉬면 되잖아~
찰싹

뒹굴
힝~ 싫은데…
뒹굴

내가 숙제 도와줄게!
그럼 됐지?

아잉! 그럼
진작 이야기
하지 그랬어~
휘익

지금 바로 하자!
아잉

에휴! 따따는 어떻게든 편하게
숙제할 생각만 하는구나!
잉~

067 시작이 반이다

<동의 속담>

천 리 길도
한 걸음부터

'시작하기가 어렵지 일단 시작하면 일을 끝마치기는 그리 어렵지 아니함'을 비유적으로 이르는 말이에요.

우벵! 줄넘기 하기 싫다~
흐잉

난 하얀이 너처럼
체육을 잘 못하니까!
힝..

줄넘기 하는 게
무서워~
허억 허억

줄에 걸려서 넘어질 것
같단 말이야!

그러면 걱정 말고 줄넘기
딱 한 개만 넘어보자!
두찌는
할 수 있어~
시작이 반이라잖아!
한 개만 하면 두 개도
하게 될 거야~
헤^
한 개만 넘으면
안 무서워질 거야!
나를 믿어봐!
으… 무서운데 알겠어!
덜
덜
하나!
둘!
셋!
우와! 하얀아~
나 세 개나 했어!
와
아

068

<동의 속담>

갑싼 것이 갈치자반

(※갈치자반: 갈치와 자반고등어)

싼 것이 비지떡

갑이 싼 물건은 품질도 그만큼 나쁘게 마련이라는 말이에요.

오! 최고다~
초롱

문구점 점포 정리!
파격 세일?
점포정
SALE

우왓!
마침 펜이 필요했는데 다행이다!
야호

알록달록하고 귀여운 볼펜이
한가득이네~!
오!

으흐흠 뭘 살까?
빨간색 아니면…
귀여운 캐릭터가 있는
볼펜을 살까?
3000 200원
파격특
엇!
200원짜리 볼펜이다!
위에 하트도 달려있고,
맘에 들어
이거 사야겠다!
신난다!
싸게 잘 산 것 같아~
포 정 리
SALE
툭
싼 게 비지떡이라더니…
바로 장식이 부러졌잖아!

069 아니 땐 굴뚝에 연기 날까

원인이 없으면 결과가 있을 수 없음을 비유적으로 이르는 말이에요.

<동의 속담>

뿌리 없는 나무에 잎이 필까

애들아~ 학교 뒤에 작은 산이 있잖아,

심각

요즘 그 산 때문에 괴담이 유행하는 거 알아?

저녁에 산에서 피리 소리가 들리면 아이들이 한 명씩 사라진대!

아니 땐 굴뚝에 연기가 나겠어?

아무래도 수상해!

이따~ 뒷산에
같이 올라가 보자!
덜
덜
하교 시간
휘잉~
진짜! 피리 소리가 나잖아~
삘릴리
삘릴리
귀신이다! 도망쳐~
으아악

070

<동의 속담>

어두운 밤에 주먹질

아닌 밤중에 홍두깨

'별안간 엉뚱한 말이나 행동을 함'을 비유적으로 이르는 말이에요.

♪ ♫
칫
둥
따따야~
아닌! 밤중에 홍두깨라고…
삐질
삐질
왜 멀쩡히 걷다가
갑자기 춤을 추는 거야?
당
황
사람들이
구경하러
왔잖아!
나! 너무
부끄러워~
히히
하하하~ 미안!
길에서 노래가 들리니까
너무 신이 나서 춤을 추고 싶었어!
빨리 와~!

071 얌전한 고양이가 부뚜막에 먼저 올라간다

아닌 척하면서 자기 실속을 다 차리는 경우를 비유적으로 이르는 말이에요.

두찌야~ 이번에
어린이 스키캠프 갈 거야?
잘 모르겠어~

같이 가자! 우리 다 같이 가면
재미있을 거야~
음! 그래~

스키캠프 당일

휘익

나의 스키 실력을 보여주겠어!

하나 둘 셋 하면
내려가는 거야~!
가볼까나~
하나
둘
셋
나 먼저 간다~
쌩
쌩
휘릭
휘릭
두찌~
얌전하더니 반전이다!
얌전한 고양이가 부뚜막에
먼저 올라가간다더니
실력을 숨기고 있었구만….
오!
와!

072 어물전 망신은 꼴뚜기가 시킨다

<동의 속담>

과일 망신은 모과가 시킨다

'지지리 못난 사람일수록 같이 있는 동료를 망신시킨다'는 말이에요.

따따랑 같이 힙합 댄스 배울 두씨~ 구합니다!

구합니다~!
구합니다~!

윽! 따따야 나보고 힙합 댄스를 배우라는 거야? 저번에 내 춤 봤잖아~

응! 나랑 힙합 댄스 크루를 만들자!
초롱

뭐? 안돼!
나 춤 못추는 거 알잖아!
쫑
어물전 망신은 꼴뚜기가
시킨다고…
히익!
내가 너를
창피하게 만들면
어떻게 해?
너는 꼴뚜기가 아닌데?
넌 두더지야.
삐질
아니! 그 말이 아니잖아!
쭉
쭉
아무렴
어때~~?
같이 하~자아!
그건 곤란해~

073 엎친 데 덮치다

'어렵거나 나쁜 일이 겹치어 일어난다'는 말이에요.

애들아~~
같이 티라미수 먹자!

두찌랑 내가
직접 만들었어!

우와!
맛있겠다~
맛있겠다!

우유도 같이 먹어~

어라?
미끌
헉!

두찌야!
내가
잡아줄게!
으악

우당탕탕
애들아 괜찮아?
!!

엉엉엉
우유도 쏟아지고
엎친 데 덮친 격으로
티라미수도 쏟아졌어~
어휴...

074

열 길 물 속은 알아도 한 길 사람 속은 모른다

<동의 속담>

사람 속은 천 길 물속이라

사람의 속마음을 알기란 매우 힘듦을 비유적으로 이르는 말이에요.

유즘 동생이 사춘기가 왔나봐~

도대체 무슨 생각인지 모르겠어!
흐음~
흐음

내가 말 걸면 피하고…
쌩

장난쳐도 무시한다니까!
휙

열 길 물속은 알아도
한 길 사람 속은 모른다고…
뿌우
도통 무슨 생각을 하는 지
알 수가 없어서 답답해~
음~ 그건
오늘 집에가면
알게 될 거야!
뭐어?
힝
다녀왔습니다!
따따야~ 생일 축하해!
히잉~뭐야?

075 열 번 찍어 안 넘어가는 나무 없다

'아무리 뜻이 굳은 사람이라도 여러 번 권하거나 꾀고 달래면 결국은 마음이 변한다'는 말이에요.

나나야~ 오늘 저녁에
삼겹살 먹고 싶지 않아?

응~응! 삼겹살 너무 맛있겠다!

엄마한테 먹자고 조르자!
그래!

히히
엄마~엄마!
오늘 저녁에 삼겹살 먹어요~

안돼~ 오늘 저녁에
닭볶음탕 먹으려고 재료
다 사뒀단 말이야.
히잉…
삼겹살이 먹고 싶어요!
초롱
초롱
에휴! 참 안된다니까~
NO!
형!
삼겹살 못 먹을 것 같은데…
힝!
아냐! 열 번 찍어
안 넘어가는 나무 없다고
했어!
아자
엄마를
한 번 더 설득해보자!
아자자!

076

<동의 속담>

제 자식 가려 보는 부모 없다

열 손가락을 깨물어 안 아픈 손가락 없다

혈육은 다 귀하고 소중함을 비유적으로 이르는 말이에요.

맨날 맨날
나만 혼내고~
형이랑 놀다가
깬거란 말야!
쌩
아니 재가!
나나야~ 나와 봐!
다친 곳은 없어?
쾅
쾅
열 손가락 깨물어
안 아픈 손가락 없다
고~
어휴
엄마는 따따도 사랑하고
그 만큼 나나도 사랑해~
걱정
걱정
엉
엉
엉
엉

077

<동의 속담>

우물 안 고기

우물 안 개구리

'견식이 좁아 저만 잘난 줄로 아는 사람'을 비꼬는 말이에요.

우와
아빠! 나는 세상의 모든
조개를 다 안다고
생각했는데 …
그게
아니네요!
난 우물 안 개구리
였어요!
조개 박물관
허허! 녀석도 참~
새로운 조개가 이렇게나 많다니~
조개 박물관에 데려와 주셔서
너무 감사해요! 사랑해요~

078 웃는 낯에 침 뱉으랴

<동의 속담>

웃는 낯에
침 못 뱉는다

'웃는 낯으로 대하는 사람에게 침을 뱉을 수 없다'는 뜻으로, 좋게 대하는 사람에게 나쁘게 대할 수 없다는 말이에요.

헤헤~ 미안 도도야
너랑 놀고 싶어서 그랬어
헤
헤

히히~
화 풀어~

아잉
웃는 낯에 침을
뱉을 수도 없고…
웃지마! 화도
못내겠으니까!

히히! 미안해~
헤헤
에휴! 됐다 됐어~

079 원수는 외나무다리에서 만난다

꺼리고 싫어하는 대상을 피할 수 없는 곳에서 공교롭게 만나게 됨을 비유적으로 이르는 말이에요.

부모님의 원수! 드디어 내가 너를 여기서 만나는구나.

이 순간을 기다렸다!

흥!

원수는 외나무다리에서 만나는 법이지.

내 친구의 원수인 널 가만 두지 않겠다!

췟!

받아라~ 내 강낭콩!

쓩

아얏! 겨우 이걸로 날 이길 수 있을 거라 생각했나?
슉

어림도 없다! 내 완두콩이나 받아라!
슈슉

슈슉
슉

ZZZ
??
따따가 재미난 꿈을 꾸나 보네~

080

<동의 속담>

닭도 홰에서 떨어지는 날이 있다

원숭이도 나무에서 떨어진다

아무리 익숙하고 잘하는 사람이라도 간혹 실수할 때가 있음을 비유적으로 이르는 말이에요.

도도야~
하늘이 왜 하늘색인지 알아?

그건 말이야.
태양에서 빛이 나오지?

에헴!
이 빛이 지구의 대기를 구성하는 질소, 산소 같은 기체 분자랑 만나면 …
여러 색깔의 빛으로 분산되거든,

이 때 파란색이나 보라색
빛이 훨씬 많이 퍼져.
근데 우리 눈은
보라색을 잘
인식하지 못해서
하늘이 파란색으로
보이는 거야.
덜 덜
하나도
못알아 들었어.
그럼 다른 거
물어볼래~
그럼 내가 오늘 입은
속옷 색깔은 뭐게?
야!~
그걸 내가
왜 알고
있어야해?
에이 뭐야! 그것도 몰라?
원숭이도 나무에서
떨어진다더니…
도도 너도
실수할 때가
있구나 ~

081 윗물이 맑아야 아랫물이 맑다

'윗사람이 잘하면 아랫사람도 따라서 잘하게 된다'는 말이에요.

애들아 상추에
물 줘야 하는 시간이야~

빠나가 키우는 상추에 물 주고
나나 거에도 물 줘~

엥? 귀찮아요!
엄마가 대신
해주시면 안돼요?
맞아요~ 귀찮아요!
게임! 마저 할래요.
부들

이 녀석들이!
너네가
키우자고
한 상추잖아~
그럼 너네들이
책임져야지!

그리고 따따~
윗물이 맑아야
아랫물이 맑은 거야!

따따가 책임감 있게
잘해야 동생이 보고
따라 하지~
어휴

앗! 그럼 윗물이 맑아야
아랫물이 맑은 거니까~
흥!

흥!
엄마가 먼저 물주는
시범을 보여주세요!
그럼 저도 보고
따라 배울게요~

082

자라 보고 놀란 가슴 솥뚜껑 보고 놀란다

<동의 속담>

더위 먹은 소 달만 보아도 헐떡인다

'어떤 사물에 몹시 놀란 사람은 비슷한 사물만 보아도 겁을 냄'을 이르는 말이에요.

으악! 깜짝이야~

호액!

이제 공포 영화를 보고 잤더니 나뭇가지 그림자만 봐도 무섭네!

덜 덜

꼭 사람 머리카락 같아!

자라 보고 놀란 가슴 솥뚜껑 보고 놀란다고…

이제
같은 모양만
봐도
겁이 나나봐~
어휴

음? 이게 뭐지?
물끄러미

또~
그림자인가
보다.

흥! 이젠 안 속아!
칫!

왁!

으아아아아아악!
동동아~ 놀랐잖아!

083

<동의 속담>

후추는 작아도 맵다

작은 고추가 더 맵다

'몸집이 작은 사람이 큰 사람보다 재주가 뛰어나고 야무짐'을 비유적으로 이르는 말이에요.

퀴즈대회에 학교 대표로
도도가 나가다니…

너무 멋지다!
도도야 떨지 말고 화이팅!

고마워! 애들아~
아자

픕
픕!
조그만 토끼가 왔네

킥

떨어지고
엉엉 우는 거 아냐?

킥

너네 작은 고추가 더
맵다는 말도 모르냐?

화륵

내가 비록
덩치는 작지만
과학 영재반을
다닌다고!

날 놀린 걸
후회하게
만들어주지!!

084

<동의 속담>

세 살 버릇
여든까지 간다

제 버릇 개 줄까

'나쁜 버릇은 쉽게 고쳐지지 않는다'는 말이에요.

잘근

윽! 따따야~
손톱 그만 물어뜯어!

춥

이게 뭐야!
손이 엉망진창이네.

제 버릇 개
주겠어?

나도
너무 고치고
싶은데…
안돼!

손톱 물어뜯는 버릇은
충격받지 않으면 안 고쳐져~

켁 켁
나는 엄청
쓴 약을 손에
발라서 고쳤어.

때때도 손에 엄청 신
레몬즙이나 약을 발라보자~

치덕
치덕

몇 분 뒤

으! 뜯고 싶어~ 에잇!

촙
으갸갹! 쓰다! 퉷!
퉷

085 종로에서 뺨 맞고 한강에 가서 눈 흘긴다

<동의 속담>

읍에서 매 맞고 장거리에서 눈 흘긴다

노여움을 애매한 다른 데로 옮김을 비유적으로 이르는 말이에요.

종로에서 뺨 맞고
한강에 가서
눈 흘긴다고
왜 괜히 길에 있는
나한테 화풀이야?
너가 먼저
비웃었잖아!

미안~미안!

아냐 괜찮아~ 으흐흐!
음
흥흥

새똥 맞은 나랑 우정의
포옹을 하면 용서해 줄게~
히
잉
으악! 오지마!

086

<동의 속담>

개똥밭에 이슬 내릴 때가 있다

쥐구멍에도 볕 들 날 있다

'몹시 고생하는 삶도 좋은 운수가 터질 날이 있다'는 말이에요.

동동아빠~ 도대체 이 돌은 다 언제 버릴 거예요?
어휴

아무리 돌 수집이 취미라고 해도 그렇지…

방이 너무 지저분하잖아요!

안 그래도 몇 개는 버리려고 수석 감정사 친구를 불렀어.
삐질

띵동
안녕하세요~ 돌 보러 왔습니다.

오! 돌이
정말 많네요!
아니!
이 수석은~
번뜩
문양이 자연스럽고,
짠
석질도 단단하니,
경매에 넘기면
30억은
될 듯 한데요!
헉
네! 30억이요?
흐엉엉
쥐구멍에도
볕 들 날이
있다더니!
돌 모으느라
구박받던 날은 드디어
안녕이구나!

087

<동의 속담>

지나가는 달팽이도 밟으면 꿈틀한다

지렁이도 밟으면 꿈틀한다

'착한 사람이라도 너무 업신여기면 가만있지 아니한다'는 말이에요.

하얀이는 애들한테 화를 잘 안내는 것 같아~

어떻게 늘 친절하게 웃으면서 말하지?

애들아 조심해~ 지렁이도 밟으면 꿈틀하는 법이야.

하얀이가 착하다고 만만하게 보다가

어허

당한 애들이
한 둘이 아니라고!

쟤들은 알아서
하얀이를 피하잖아!

왜? 무슨 일이 있었는데?
엥

쟤네들이 체육시간에
하얀이를 놀렸나 그랬는데,

그날 피구 게임에서
하얀이가 공으로
쟤네들을 계속 맞혔대!

뭐! 진짜?
에이~
우연이겠지~

088

<동의 속담>

헌 고리도 짝이 있다

짚신도 제짝이 있다

보잘것없는 사람도 제짝이 있다는 말이에요.

흐응
흐윽~ 두찌야!
따따야~ 왜그래?
!

무슨 일인데
그렇게 슬프게 울어?

엉엉
나~ 실연당했어!

훌쩍
오늘 학교 끝나고 고백했는데…
그 친구가… 흐윽흡~

전학을 간대!
이게 말이 돼?
이게 무슨 운명의 장난이야?
흡
흑
에구 그랬구나~ 때따야!
언젠가 네 인연이 올거야~
토닥
짚신도 제짝이 있다고 했어.
너무 걱정마!
흡~ 흐어엉 알지만
너무 슬퍼 두찌야!
쩌이
쩌이
뚝! 해보자 때따야~

089 참새가 방앗간을 그냥 지나랴

'사람이 자기가 좋아하는 것을 그냥 지나치지 못함'을 이르는 말이에요.

여기다! 빵을 갓 구웠나봐!
우와
으! 군침돌아~
이 빵도 담고…
이것도 담자!
얼른 가져가서
친구들이랑
나눠 먹어야겠다!
홱
내 빵!
빵 내놔~!

090

<동의 속담>

시작이 반이다

천 리 길도 한 걸음부터

'무슨 일이나 그 일의 시작이 중요하다'는 말이에요.

큰일났어, 따따야
나 좀 도와줘!

왜! 무슨 일이야? 도도야~

우물쭈물
나 영어 학원에서 영어로 뮤지컬을 하는데 춤을 추거든…

근데 난 알다시피 몸치잖아!

힝
잘 추는 것처럼 보일 방법이 없을까?
큰 옷을 입으면 잘 추는 것처럼 보이려나?
흠~ 그 방법은 아닌 거 같아. 도도야.
요령만 배우면 더 어설퍼 보이고 못 추는 것처럼 보일 수 있어.
투박해보여도 우선 기초부터 하는 게 좋아.
천 리 길도 한 걸음부터니까 하나씩 노력하다 보면 점점 좋아질 거야!
헤
헤

091 친구 따라 강남 간다

자기는 하고 싶지 않은데, 남에게 끌려서 덩달아 하게 됨을 이르는 말이에요.

따따야~ 너는 무슨 동아리에 들어갈 거야?

나는 해양생물 연구 동아리에 갈 거야~ 멋지지?

뭐? 너가?

친구 따라 강남 간다더니…

너 동동이가 해양생물 연구 동아리
들어가니까 들어가는 거지?

너가 좋아하는 댄스 동아리를
만들지 그래?

싫어! 동동이랑 같이할 거야!

댄스는 길에서도 집에서도
학교에서도…

어디서든 출 수 있지만,
흥!

동동이는 어디에나
있는 게 아니란 말이야!
헤
헤

092

<동의 속담>

가시나무에 가시가 난다

콩 심은 데 콩 나고 팥 심은 데 팥 난다

모든 일은 근본에 따라 거기에 걸맞은 결과가 나타나는 것임을 비유적으로 이르는 말이에요.

따따는 다재다능해!

춤도 꽤 잘 추고~
운동도 잘하고 힘도 세잖아!

엣헴!
콩 심은 데 콩나고 팥 심은 데 팥 난다고 우리 엄마가 힘이 세서 그래!

대신! 아빠가 음치라서
나도 음치야.
어휴

그건 안닮았으면 좋았을 걸!

우와! 진짜 반반 닮았구나~

나도 그래! 우리 아빠가
달리기가 엄청 빠르거든~

그 덕분에 나도 달리기가 빨라!
1

정말 콩 심은 데
콩 나고 팥 심은 데
팥 나네~

093 티끌 모아 태산

<동의 속담>

모래알도 모으면
산이 된다

'아무리 작은 것이라도 모이고 모이면 나중에 큰 덩어리가 됨'을 비유적으로 이르는 말이에요.

동전이 왜 필요한 거야?
?
?
?
?
아! 저금통을 꽉꽉~
다 채워서 멋진
최신형 게임기랑
핸드폰을
살거 거든요.
허 허
기특해라!
근데 100원씩
모아서
언제 사겠어?
음~!
티끌 모아 태산이랬어요~
10년 뒤에
부러워하지나 마세요!

094

<동의 속담>

가재는 게 편

팔은 안으로 굽는다

'자기 또는 자기와 가까운 사람에게 이익이 되는 쪽으로 일을 처리하게 됨'을 말해요.

어쩔 거야? 하얀아~
너 때문에
내 안경이 사라졌잖아!
미~미안!
그게 왜 하얀이 탓이야?
따지고 보면 저 새가 들고 간 건데….
팔은 안으로 굽는다더니?
두찌 너 하얀이랑
소꿉친구라고 편드는 거지?
애들아~ 그만해!

095

<동의 속담>

도둑질을 하다 들켜도 변명을 한다

핑계 없는 무덤 없다

'아무리 큰 잘못을 저지른 사람도 그것을 변명하고 이유를 붙일 수 있다'는 말이에요.

따따야~
이게 어떻게 된 거야?

내가 100시간이나 연구해서 만든 알렌산드로 5세가 왜 이렇게 찌그러진 거야?

헉

핑계 없는 무덤 없다고 네 변명을 들어 보자~

콰악

미안해~ 어떻게 된 거냐면…

삐질

삐질

내가 가지고 놀다가~
끌어안고
잠에 들었는데,
Z Z
그대로 뒤척이다가
알렌산드로를
뒹굴
깔아뭉개 버렸어!
뒹굴
허억! 안돼~
설계도도 없는데…
미안해!
대신 다음에 나를
조수로 써줘~ 내가
알렌산드로 6세를
만들 수 있게 도울게~
엉엉
으엉

096 하나를 듣고 열을 안다

<동의 속담>

하나를 알면 백을 안다

'한마디 말을 듣고도 여러 가지 사실을 미루어 알아 낼 정도로 매우 총기가 있다'는 말이에요.

이번 주? 이번 주
주말에 놀자고?
끄덕
끄덕
끄덕
점심… 헥헥~
헉
헉
점심에?
따따네서 놀까?
같이 떡볶이도
만들어 먹자고?
역시 도도는 똑똑하니까
하나를 듣고 열을
아는구나!!

097

<동의 속담>

모래사장에서
바늘 찾기

하늘의 별 따기

'무엇을 얻거나 성취하기가 매우 어려운 경우'를 비유적으로 이르는 말이에요.

이번 시험에서
수학 100점 맞으면~
60
60
에휴

아빠가 내가 좋아하는 아이돌
콘서트에 보내준대.

평소 내 수학 점수는
60점인데…
60

내가 100점을
맞을 수 있을까?
축욱

그럼 충분히 할 수 있지!
아냐~ 이건 아무래도
하늘의 별 따기야!
아무래도 불가능해~
차라리 용돈을 모아서
가는 게 낫겠어~
띵
매주 얼마씩
모으면 되려나?
1000
에휴!
그럼 돈도 모으고
공부도 해!
싫어.
수학은 너무 재미없어!
정색

098

<동의 속담>

사람이 죽으란 법은 없다

하늘이 무너져도 솟아날 구멍이 있다

'아무리 어려운 경우에 처하더라도 살아 나갈 방도가 생긴다'는 말이에요.

커튼이 찢어졌어~
어쩌지?
덜덜
하늘이 무너져도 솟아날
구멍이 있다고 했어!
잘 생각해 보는 거야!
아! 이건 어때?
찢어진 티가
안나게
커튼에 잔뜩
구멍을
내는 거야!
그럴싸한 작전이야!!
북
북
그날 밤
따따! 나나!
이리~와!!!

099 하룻강아지 범 무서운 줄 모른다

<동의 속담>

비루먹은 강아지 대호(大虎)를 건드린다

'철없이 함부로 덤비는 경우를 비유적으로 이르는 말'이에요.

애들아~ 이번엔 내가 술래할게!

나는 너네 10초만에 다 잡을 수 있어~

흥~

하룻강아지 범 무서운 줄 모르는 구만! 까불지마~!

나는 쉽게 못 잡을 걸~~

흥! 그래? 준비 시~~~작!

와다다
도도

턱!
잡았다!

잡았다!
턱!

따따는 어디갔지?
두리번
두리번

우히히!
나무 위에
있는 건
모를 거다~
히히

100

<동의 속담>

까마귀 제 소리 하면 온다

호랑이도 제 말 하면 온다

'다른 사람에 관한 이야기를 하는데 공교롭게 그 사람이 나타나는 경우'를 이르는 말이에요.

얘들아 따띠 어디갔어?
오잉

아까 선생님이 찾았는데
자꾸 사라지네!

동에 번쩍
서에 번쩍 하는 것 같아~

이 짧은 쉬는 시간 동안에
어딜 그렇게 다니는 거람…

그러니까 말이야!
다리에 터보 엔진이
있는 것 같아!

터보 엔진?
무슨 이야기 해?
워!

왁! 깜짝이야!
앗!
!

호랑이도 제 말 하면
온다더니. 따따 왔네!

뭐야!
무슨 얘기를 하고 있던 거야~?

따따가 잽싸다고 이야기했어!
헤
헤

101

<동의 속담>

아닌 밤중에 찰시루떡

호박이 넝쿨째로 굴러떨어졌다

'뜻밖에 좋은 물건을 얻거나 좋은 일이 생김'을 이르는 말이에요.

쓰레기를 버리다가
같이 버렸나 봐!
나는
착한 일을 했을 뿐인데…
호박이 넝쿨째로
굴러 떨어졌네~
히히
오늘 완전히 횡재했잖아!
까ㅑ
50000
앞으로도 착한 일하며
살라는 하늘의 뜻인가?
감사합니다!
야
호!
친구들에게 한 턱 쏴야겠다!

재미GO! 어휘력GO!

어린이 속담 101

펴낸날 초판1쇄 인쇄 2024년 11월 13일
초판1쇄 발행 2024년 11월 21일

지은이 박재이
펴낸이 최병윤

펴낸곳 운곡서원
출판등록 2013년 7월 24일 제2024-000064호
주 소 서울시 은평구 증산로21가길 11-11, 103호
전 화 02-334-4045 팩스 02-334-4046

종 이 일문지업
인 쇄 수이북스

ISBN 979-11-94116-13-4
가격 13,000원

누가 바뀌었지?

끝!